PETIT TRAITÉ DE LA PURGE

DES

HYPOTHÈQUES LÉGALES

> Les Notaires doivent faire eux-mêmes la purge des hypothèques légales, et ne jamais la confier aux avoués.
>
> L. G.

PAR

M. L. GANTHIER

Directeur de l'École de Notariat de Paris

2ᵉ ÉDITION.

PRIX : **50** CENT. (*franco par la poste*)

PARIS

10, RUE MONSIEUR-LE-PRINCE

1878

FORMULAIRE COMMENTÉ

DES

LIQUIDATIONS

ET PARTAGES JUDICIAIRES

CONTENANT

1º Un Traité théorique et pratique sur les Liquidations et Partages judiciaires.

2º Vingt-deux Formules de Liquidations et Partages judiciaires.

PAR

M. L. GANTHIER

ANCIEN NOTAIRE

DIRECTEUR DE L'ÉCOLE DE NOTARIAT DE PARIS

PRIX : 5 FRANCS

PARIS

10, RUE MONSIEUR-LE-PRINCE

TRAITÉ DE LA PURGE

DES

HYPOTHÈQUES LÉGALES

CHAPITRE Ier

Des formalités qui doivent précéder la purge des hypothèques légales.

I

Tout nouveau propriétaire doit s'empresser de faire transcrire son titre pour arrêter le cours des inscriptions qui pourraient survenir du chef du précédent propriétaire (vendeur, donateur ou échangiste). Avant la loi du 23 mars 1855, seuls les créanciers, qui avaient un titre conférant hypothèque, antérieur à l'aliénation consentie par leurs débiteurs, pouvaient s'inscrire jusqu'à la transcription, et même dans la quinzaine qui la suivait ; alors le vendeur ne pouvait jamais, après la date de la vente même non transcrite, conférer utilement une hypothèque (art. 834 et 835 anciens du Code de procédure). Il y a vingt-cinq ans, la transcription

n'était donc réellement utile qu'au nouveau propriétaire qui voulait purger les droits hypothécaires exis-
tants, et elle constituait le premier acte de cette purge
(art. 2181 du Code civil).

Aujourd'hui il n'en est plus ainsi ; jusqu'à la transcription, tout créancier du précédent propriétaire,
quelle que soit la date de son titre, peut s'inscrire sur
l'immeuble ; peu importe, dès lors, que ce titre conférant hypothèque soit antérieur ou postérieur à l'aliénation (art. 3 de la loi du 23 mars 1855). La transcription
n'est donc plus simplement le premier pas de la
purge, mais bien le complément du contrat d'aliénation et une formalité indispensable pour l'acquéreur
qui veut purger les hypothèques qui peuvent exister,
comme pour l'acquéreur qui ne tient pas à remplir ces
formalités. Pour tout nouveau propriétaire, la transcription est aujourd'hui nécessaire, parce que *seule*
elle arrête le cours des inscriptions que le précédent
propriétaire aurait pu consentir et de celles qu'il pourrait consentir plus tard.

II

La transcription, en arrêtant le cours des inscriptions, laisse subsister toutes les charges qui pèsent
sur l'immeuble transmis. Ces charges résultent des
priviléges et des hypothèques ; il en est qui peuvent
vivre sans être inscrites, telles sont les hypothèques
légales, tandis que les autres ne peuvent se passer de
la formalité de l'inscription. De là deux purges à faire,
celle des hypothèques et des priviléges inscrits, et
celle des hypothèques légales.

Chaque privilége et chaque hypothèque confère à
son propriétaire deux droits, le droit de suite et le
droit de préférence (je laisse de côté l'action résolu-
toire qui accompagne souvent le privilége). Le droit
de suite, c'est l'avantage qu'a un créancier de suivre
et de grever un immeuble dans quelque main qu'il

passe, de pouvoir en demander la vente judiciaire contre tout détenteur qui n'a pas purgé. C'est encore le droit de contrôle sur les ventes amiables de l'immeuble affecté, conférant le bénéfice de la surenchère. Le droit de préférence est le droit de se faire colloquer sur le prix de l'immeuble hypothéqué par préférence à tel ou tel autre.

Le droit de préférence ne se purge pas, il s'éteint par le paiement ou par la prescription trentenaire. L'acquéreur ne peut, par aucune formalité, se soustraire à l'obligation de payer son prix, aux créanciers inscrits. La purge n'éteint donc que le droit de suite, en ce qu'elle fait cesser, après un court délai, le droit de surenchère, et même, suivant plusieurs auteurs, en ce qu'elle fait disparaître en son entier le droit de suite. Cette dernière question est controversée ; tandis que les uns disent que le droit de suite s'éteint en entier par la purge, sous la condition suspensive que l'acquéreur paiera son prix aux ayants-droit ; d'autres soutiennent que le droit de suite ne s'éteint réellement que par le paiement. C'est le premier système qui est le plus répandu.

Il est bon de remarquer que le privilége ainsi que l'hypothèque, c'est-à-dire tout ensemble le droit de suite et le droit de préférence, peuvent recevoir, par le seul fait de la transcription, une atteinte mortelle. Si le vendeur n'a pas dénoncé l'état hypothécaire de l'immeuble, l'acquéreur est censé l'avoir reçu libre de toutes charges, il est présumé de bonne foi, et, à partir de la transcription, il prescrit le droit de suite aussi bien que le droit de préférence (art. 2180, Code civil, n° 4). La durée de cette prescription est de dix ou vingt ans (art. 2265, Code civil).

III

La transcription arrête le cours des inscriptions, quant aux priviléges et hypothèques qui ne vivent que par l'inscription, mais non pas quant aux hypothèques légales, dont le cours n'est arrêté que par l'accomplissement de toutes les formalités de la purge. Lors de cette transcription, le nouveau propriétaire doit demander un état pour connaître les charges apparentes qui grèvent son immeuble. Si l'état est négatif, il n'a plus qu'à se préoccuper des hypothèques légales ; s'il est affirmatif, il doit d'abord purger les hypothèques inscrites, car il est de son intérêt de se débarrasser au plus vite du droit de surenchérir qui appartient à chaque créancier inscrit. La propriété ne repose que d'une manière bien éphémère sur sa tête, si d'un jour à l'autre un créancier peut lui faire sommation de délaisser, et le forcer à subir les conséquences d'une surenchère.

Les formalités de cette purge des hypothèques inscrites sont édictées dans les art. 2183 et 2184 C. civ.; elles consistent dans la signification, à chaque créancier inscrit, d'un extrait du contrat d'acquisition, d'un extrait de la transcription, et de l'analyse de l'état des inscriptions ; elles consistent encore dans l'offre que doit faire l'acquéreur de payer comptant. Cette dernière obligation est souvent des plus gênantes. En effet, plusieurs acquéreurs ont besoin pour se libérer du long délai que porte leur titre d'acquisition, et ils sont forcés, pour purger, de renoncer au bénéfice du terme.

Quel que soit d'ailleurs le nombre des créanciers inscrits, qu'il n'y en ait qu'un ou qu'il y en ait plusieurs, les formalités de cette purge des hypothèques apparentes sont absolument les mêmes.

A partir de cette notification, chaque créancier inscrit a quarante jours pour porter surenchère ; faute par lui de le faire dans ce délai, son droit de suite s'éteint, il ne lui reste plus que le droit de préférence sur le prix.

Ainsi, par la transcription, tous les créanciers non inscrits (excepté ceux qui ont une hypothèque légale) sont forclos, et par la purge des hypothèques apparentes, tous les créanciers inscrits ont perdu leur droit de suite ; il ne reste donc plus, sur l'immeuble transmis, que les droits des hypothèques légales dans leur entier, et que les droits de préférence sur le prix des créanciers inscrits au moment de la transcription.

CHAPITRE II

De la Purge des hypothèques légales.

I

Tout le monde peut faire une purge d'hypothèques légales ; mais, heureusement pour MM. les avoués, tout le monde ne connaît pas son droit.

Les notaires, tout comme les autres, peuvent donc faire ou diriger une purge ; d'où vient donc qu'il y en ait si peu qui se chargent de remplir ces formalités ? Deux raisons en sont cause : la première, c'est que la plupart des notaires n'ont pas ou presque pas étudié cette partie du Code, et n'osent assumer sur leur tête la responsabilité de cette petite procédure, ou plutôt de cette formalité. Peut-être aussi existe-t-il des notaires qui ne croient pas avoir ce droit ; et, qu'y aurait-il d'étonnant qu'il en fût ainsi, quand je connais deux arrondissements en France (dispensez-moi de les nommer) où les notaires ne vont jamais au bureau des hypothèques, et font passer toutes leurs pièces à transcrire et à inscrire par les mains des avoués, pour ce motif que le tarif de 1807, en accordant une vacation aux avoués pour aller aux hypothèques, est censé re-

connaître à eux seuls, le droit de faire transcrire ou
inscrire. La seconde raison pour laquelle les notaires
n'osent pas s'immiscer dans les purges, c'est parce
qu'ils craignent de mécontenter les avoués.

En réalité, le premier motif n'est guère avouable,
puisqu'il repose en partie sur l'ignorance ; quant au
second, il ne me paraît pas sérieux. Je comprends que
l'on cherche à vivre en excellents rapports avec tous
les hommes d'affaires ; mais je comprends tout aussi
bien que chacun pense à ses intérêts, et ne renvoie
pas à son voisin l'ouvrage qu'il peut faire. Le sentiment
est certainement une belle chose, mais il ne suffit pas
pour payer l'étude qu'on a achetée.

Je ne connais pas de notaire qui ait l'habitude de
renvoyer à son confrère les actes qui se présentent
chez lui. Non, bien certainement, chacun suit jusqu'au
bout, et avec la plus grande sollicitude, l'affaire qui lui
est arrivée, et pense à lui avant de penser à son voisin. Pourquoi ne pas faire ainsi quand il s'agit d'une
purge ? Pourquoi le notaire renverrait-il à l'avoué des
honoraires qu'il peut très-bien percevoir lui-même ?

II

Les formalités de la purge des hypothèques légales
sont simples ; lisez l'art. 2194 du Code civil.

Pour purger les hypothèques il faut :

1o Déposer au greffe du Tribunal civil de l'arrondissement des immeubles , une expédition entière ou la
grosse du titre qui a opéré la mutation. Cette expédition est celle dont vous vous êtes servi pour la transcription, elle restera là deux mois à la disposition des
créanciers à hypothèques légales qui voudraient la
consulter, et M. le greffier vous donnera le récépissé
de ce dépôt. Puis après l'expiration des deux mois le
greffier du tribunal civil sera forcé de vous remettre
cette expédition, il n'a pas le droit de la conserver.

2o Déposer en même temps, au même greffe, un ex-

trait du titre, dépôt que M. le greffier attestera sur le
même récépissé. Cet extrait, signé par le notaire dépositaire de la minute, contiendra la date de l'acte, les
noms, prénoms, professions et domiciles des contractants, la désignation de la nature et de la situation des
biens, le prix et les autres charges de la vente. Cet
extrait doit être analytique et le plus court possible.
Il devra rester affiché pendant deux mois dans l'audi-
toire du Tribunal; M. le greffier, qui a délivré récépissé
de cette pièce, est seul responsable de son affichage
pendant ledit délai.

Quand MM. les avoués font eux-mêmes la purge, ils
s'arrogent souvent le droit de délivrer cet extrait, et
cependant ils ne l'ont pas; il appartient aux notaires
seuls, si j'en crois un jugement du tribunal de Saint-
Yrieix du 13 février 1856. Ce jugement prouve qu'ici la
compétence des avoués est au moins contestée, tandis
que celle des notaires ne l'est pas.

3° Faire signifier aux femmes des vendeurs, s'ils
sont mariés et qu'on le sache, ou au subrogé-tuteur des
mineurs dont on veut purger les droits, si on sait qu'il
y a des mineurs, et, dans tous les cas, au Procureur
de la République de l'arrondissement, pour tous créanciers (femmes, mineurs ou représentants) que l'on ne
connaîtrait pas : 1° le dépôt qui a été fait au greffe;
2° et le contenu de l'extrait déposé.

Il peut exister ici une petite difficulté à laquelle il
faut faire attention; et voici : le vendeur peut être veuf
et avoir des enfants dont il aurait la tutelle de fait, la
tutelle légale, sans avoir jamais réuni le conseil de fa-
mille pour leur faire nommer un subrogé-tuteur. Ces
mineurs qui n'ont point de subrogé tuteur n'en ont pas
moins une hypothèque légale qu'il faut purger. Dans
ce cas, avant de remplir aucune formalité de purge,
il est indispensable de s'adresser au juge de paix, en
conformité de l'art. 421 du Code civil, pour faire nommer le subrogé-tuteur.

4° Faire insérer dans le journal judiciaire de l'arron-

,dissement le contenu de cette signification (avis du Conseil d'Etat du 1er juin 1807)

Voilà à quoi se résument toutes les formalités de la purge des hypothèques légales.

Dans la pratique, les notaires font copier sur papier blanc les extraits qu'ils déposent au greffe, ils remettent cette copie à l'huissier qui fait les significations, puis transmet son rapport ou une note à l'imprimeur pour l'insertion.

III

Deux mois après l'accomplissement de la dernière de ces formalités, le notaire lève au greffe un certificat constatant que l'extrait déposé a été affiché pendant le délai légal ; il retire en même temps l'expédition ou la grosse qu'il avait déposée, puis il adresse au bureau des hypothèques une réquisition pour délivrance d'état des inscriptions d'hypothèques légales qui auraient pu être prises. Cet état est le plus souvent négatif ; mais enfin, il peut en être autrement.

Les pièces concernant la purge, et qu'il faut réunir, consistent donc dans :

1º Le certificat du greffier du Tribunal civil constatant qu'il lui a été déposé une expédition entière et un extrait analytique de l'acte ;

2º Le rapport des notifications faites par l'huissier ;

3º Le numéro du journal judiciaire contenant l'insertion ;

4º Le certificat du greffier constatant que l'extrait a été affiché pendant deux mois ;

5º Et l'état délivré par le conservateur des hypothèques.

Les notaires de province, que la purge ait été faite par eux ou par des avoués, attachent ces pièces à l'expédition du titre, et remettent le tout à l'acquéreur ; les notaires de Paris au contraire en font le dépôt en

leurs études après avoir dressé acte de ce dépôt.
J'aime mieux le premier sytème, il est moins coûteux.

IV

Que peut coûter une purge légale ?
J'ai vu prendre aux avoués des prix bien différents
et variant suivant les arrondissements, de 75 à 200 fr.
Souvent même, pour les actes importants, le coût dé-
passe 200 fr., parce que les avoués perçoivent des honoraires proportionnels.

Quand il n'y a qu'un vendeur et qu'un immeuble, les
frais de la purge doivent s'élever à environ 45 fr., non
compris les honoraires que prend celui qui remplit
cette formalité (notaire ou avoué).

Quand il y a plusieurs immeubles, l'extrait analytique et l'insertion au journal coûtent quelques cen-
times ou quelques francs de plus ; mais les autres
frais ne varient pas.

Et quand il y a plusieurs vendeurs, ou que le vendeur est tout à la fois mari et tuteur, au lieu de
deux notifications, l'huissier peut être obligé d'en faire
trois ou quatre, et de là une légère augmentation de
frais.

Les notaires qui s'occupent des purges ont droit à
des honoraires qui doivent être fixés d'après le temps
passé et aussi d'après l'importance de l'acte de mutation.

V

Pendant l'accomplissement de ces formalités, tout
créancier ayant hypothèque légale peut s'inscrire sur
l'immeuble, et même porter surenchère si bon lui
semble ; mais l'inscription d'hypothèque légale qui sur-
vient, n'oblige pas l'acquéreur à faire à nouveau les

notifications de l'art. 2183 du Code civil. Pour les créanciers à hypothèque légale, la notification de l'art. 2183 est remplacée par celle de l'art. 2194 du Code civil et fait courir le délai de surenchérir. (Arrêts : Alger, 12 janvier 1854 ; Paris, 26 novembre 1857 ; Bordeaux, 1er juin 1863). Je ne connais pas d'arrêts dans le sens contraire.

Le créancier à hypothèque légale qui ne s'est pas inscrit pendant les délais de la purge légale a vu s'éteindre son droit de suite, tout aussi bien que celui qui s'est inscrit sans porter surenchère. A ce dernier, il reste à coup sûr le droit de préférence sur le prix ; mais en est-il ainsi pour celui qui a négligé de prendre inscription ?

Cette question, longtemps controversée, a été résolue par la loi du 21 mai 1858 modificative du Code de procédure civile. D'après l'art. 772 (nouveau) du Code de procédure, alinéa 5, il reste au créancier à hypothèque légale qui a négligé de s'inscrire, même pendant le délai de la purge, il reste, dis-je, son droit de préférence tout entier sur le prix. Ce droit de préférence se trouve alors soumis aux quatre règles ou causes de déchéance différentes que voici :

1° Il s'éteint par le paiement amiable que fera l'acquéreur aux créanciers qu'il connaît, s'il n'y a pas eu d'ordre ouvert (art. 772 du Code de procédure) ;

2° Il s'éteint également par le réglement amiable que fait le juge en vertu de l'art. 751 du Code de procédure ;

3° Dans le cas d'ordre tout à fait judiciaire, il s'éteint avec le délai de production (40 jours) de l'art. 754 C. pr. ;

4° Et enfin, il s'éteint par un délai de trois mois à partir de l'achèvement de la purge, quand il n'y a eu, pendant cette période, ni paiement amiable, ni ordre amiable, ni ordre judiciaire (art. 772, C. pr. *in fine*).

VI

Que conserve le droit de préférence sur le prix ?

Cette question est généralement peu connue, et beaucoup accordent à l'art. 2151 du Code civil une portée générale qu'il n'a pas. Je crois entendre des clercs et même des notaires, me dire : « Il conserve le « capital, et, de plus, deux ans et l'année courante « d'intérêts. »

Il conserve le capital, là-dessus nous sommes d'accord, et tout le monde est de notre avis.

Il conserve deux ans et l'année courante d'intérêts ; ho là ! arrêtons-nous et distinguons.

Oui, bien certainement, il conserve les intérêts de deux ans et de l'année courante, s'il s'agit d'hypothèque conventionnelle ou d'hypothèque judiciaire, car c'est pour ces deux hypothèques que l'art. 2151 C. civ. a été écrit. Mais n'oubliez pas qu'au moment où l'on a fait le Code, seules les hypothèques judiciaires et les hypothèques conventionnelles avaient absolument besoin d'être inscrites, et que c'est pour elles seules que le législateur a dit qne l'inscription conservait deux ans et l'année courante.

Nous ne sommes plus d'accord s'il s'agit de priviléges ou d'hypothèques légales ; car ici le droit de préférence conserve *tous* les intérêts dûs et non prescrits. Le créancier à privilége ou à hypothèque légale peut donc se faire colloquer pour toutes les années d'intérêts qui lui sont dues. (Arrêts : Bordeaux, 10 août 1849 ; Metz, 26 août 1863 ; Cassation, 11 mai 1863.)

Les priviléges du copartageant et de l'architecte devant forcément être inscrits, sont soumis, quant à la quotité d'intérêts conservés, aux mêmes règles que les hypothèques conventionnelles.

COMPTABILITÉ NOTARIALE

(SYSTÈME GANTHIER)

EXPLICATIONS GÉNÉRALES

Tous les registres sont solidement reliés, cartonnés et recouverts en toile pleine.

Ils sont réglés verticalement et horizontalement avec le plus grand soin.

Les deux registres de comptes courants sont folio-tés. Pour les autres ce travail était inutile, puisque tout s'y inscrit par date.

Les frais de factage et d'emballage sont à la charge de l'expéditeur ; l'acquéreur n'a à supporter que les frais de port.

On n'expédie jamais contre remboursement, ce mode de transport étant trop coûteux.

Toute acquisition de moins de 20 fr. doit autant que possible être payée comptant.

Pour toute acquisition au-dessus de 20 fr., l'acqué-reur a le choix, soit de payer comptant, soit de payer sur traite présentée sans frais à son domicile, à la fin du mois qui suit celui de l'expédition.

Les demandes doivent être adressées directement à M. Ganthier, 10, rue Monsieur-le-Prince, Paris, les prix tout à fait réduits de chaque registre ne permet-tant pas de faire de remise aux intermédiaires.

Livre-Journal.

Aussitôt qu'un acte est fini, on l'inscrit sur ce registre, qui peut aussi servir de guide pour le répertoire. On y porte en même temps les recettes, les déboursés ; dans certains cas même, les honoraires et l'énonciation des formalités exceptionnelles à remplir.

Plus tard, quand cet acte sera enregistré et sera même revenu des hypothèques, on complétera le détail des frais, en séparant les honoraires des déboursés ; puis, au moyen d'une accolade tirée à la main, on fait le total général des frais.

Par l'énonciation de chaque acte, ce registre devient un guide sûr pour monter le Répertoire ; et par le détail des frais, il devient la base du Grand-Livre.

Les initiales L. M. J. ou *lmj*, que plusieurs notaires emploient, signifient *le même jour*.

Grand-Livre.

Quand on a le temps, on monte le Grand-Livre qui renferme le résumé du Livre-Journal. Les différentes colonnes de ce Grand-Livre permettent de savoir à première vue le montant des déboursés, le montant des honoraires, le montant des à-comptes, et de voir le rapport qui existe entre ces trois chiffres si importants.

Au Grand-Livre, comme au Journal, on fait les comptes par mois.

Quand un client demande son acte, c'est au Grand-Livre qu'on se reporte, et si ce client désire connaître le détail des frais, on remonte au Journal.

Il en est qui ne portent au Grand-Livre que les actes

dus, et qui, à la fin de chaque mois, résument en une seule cote tous les actes payés ; dans ce cas, il est bon de citer la date des actes payés, afin qu'on puisse au besoin se reporter au Journal et vérifier.

Livre-Caisse.

Les recettes que fait un notaire sont de deux espèces : celles de l'étude et les dépôts. En mélangeant ces recettes, on arrive forcément à ne plus connaître le chiffre des dépôts, ce qui est un grand danger. Un notaire doit toujours connaître exactement le taux des sommes dont il est dépositaire, s'il veut éviter des désagréments et même quelquefois une catastrophe.

Plusieurs notaires ont deux registres ! l'un pour le mouvement de fonds de l'étude, et l'autre pour celui des dépôts.

Il me semble qu'il serait facile de réunir toutes les rentrées et toutes les sorties de fonds sur un seul registre, en adoptant le modèle ci-contre.

La première colonne à gauche est destinée à recevoir les émargements indiquant que la somme a été portée au compte particulier du client, quand il en a un.

Livre des comptes courants.

Pour les clients qui ont un mouvement de fonds assez important à l'étude, ce registre est indispensable pour pouvoir grouper ensemble toutes les recettes, tous les déboursés et tous les frais d'actes concernant ce client.

Les comptes courants sont plus ou moins longs, plus ou moins nombreux, selon l'importance des études ; aussi, pour que chacun puisse trouver le registre qu'il désire, nous avons adopté deux formats différents.

Livre d'enregistrement.

C'est un registre à souche, et le modèle en fait tout de suite saisir l'utilité.

Sur le talon, on inscrit les actes ; puis on portera les droits quand ils auront été perçus.

Sur la portion qui se détache, on inscrit les actes, et, de plus, sur la première colonne, les droits présumés, et M. le receveur remplira lui-même la deuxième colonne.

En tête de la souche et du coupon, on met aussi la date du dépôt, le nombre d'actes et la somme déposée.

Avec ce système, aucune erreur n'est possible ; les forcéments et les restitutions seront même moins fréquents, car si le receveur est en désaccord avec le notaire, il y regardera à deux fois avant de faire sa perception.

Livre d'hypothèques.

Le modèle que je donne me paraît complet. Rien n'a été oublié, rien n'a été mis de trop.

Date des dépôts, date des actes, dénomination des actes, droits perçus, date des formalités, volumes et numéros des inscriptions et transcriptions, époque où le renouvellement devient nécessaire et date des radiations.

Table des débiteurs.

Quand on a un grand nombre de clients, et même dans une petite étude, quand on a un assez long exercice, ou quand la mémoire vous fait un peu défaut, il faut absolument, pour ne pas perdre son temps en recherches longues et pénibles, il faut, dis-je, absolument avoir une *Table* ou *Répertoire*. Là, par ordre alphabétique, on retrouve ses débiteurs.

Il est bon de ne pas porter tous les noms qui commencent par la même lettre, immédiatement à la suite les uns des autres. Il vaut mieux, après un nom propre, laisser quelques lignes en blanc pour inscrire les personnes qui portent le même nom.

On fait bien aussi quand on monte cette table, d'y placer les noms propres qui commencent par la même lettre, dans l'ordre alphabétique que comporte les autres lettres de ces noms.

Table générale des actes.

On a souvent besoin de rechercher de vieilles minutes, et pour les guider dans ce travail presque de hasard, la plupart des notaires n'ont que le Répertoire. Que d'heures nous avons tous perdues, et souvent inutilement, à feuilleter ces vieux manuscrits ! Certains notaires ont de petits cartons qui, entre autres inconvénients, ont celui de se perdre trop facilement. La table est le plus vieux système et en même temps le meilleur. Mais comment la monter ? Y porter tous les noms est un travail énorme qu'il me parait possible de simplifier.

Je ne porterais point sur ma table les brevets, et les minutes n'y figureraient que sous un seul nom.

Mais quel nom fallait-il choisir, le vendeur ou l'acquéreur ? Généralement, quand on vient vous demander
un acte ancien, on sait le nom des deux contractants,
on pourrait donc faire les recherches aussi bien à l'un
qu'à l'autre. Il est cependant deux cas où l'incertitude
peut régner : c'est d'abord quand vous avez besoin de
savoir les ventes de propres qu'un époux a pu faire,
et ensuite quand vous avez besoin de connaître les
prêts faits par un créancier prédécédé. J'ai donc pensé
qu'il fallait monter cette table sous le nom du vendeur, et sous le nom du créancier.

Pour tous les contrats où il n'y a ni aliénation ni
obligation, il convient de mettre en tête du registre
une légende explicative indiquant sous quels noms ils
seront portés.

LIVRE-JOURNAL

Dimension : 40 centimètres de hauteur sur 27 de largeur.

Contenance : 300 pages de 6 cases chacune.

Prix : 12 fr.

Mois d'_______________187__

Nº du Registre		Noms et Demeures des Débiteurs.	Déboursés	Honoraires	Déboursés et Honoraires	Recettes :		
						Dates	À Compte	Totaux
		Reports						

GRAND - LIVRE

—

Dimension : 46 centimètres de hauteur sur 30 de largeur.

Contenance : 300 pages de 13 cases chacune.

Prix : 15 fr.

Émargt	Dates	Mois d ___________ 187_	Caisse		Dépôts	
			Recettes	Paiements	Entrée	Sortie
		Report				

LIVRE CAISSE

—

Dimension : 21 centimètres de hauteur sur 26 de largeur.

Contenance : 200 pages.

Prix : 7 fr.

M________________________ à________________________

Dates.	Explication de la Recette ou du Paiement.	Doit	Avoir

LIVRE DES COMPTES-COURANTS

Dimension : 40 centimètres de hauteur sur 26 de largeur

Contenance : 300 pages foliotées.

Prix : 13 fr.

Etude de M.___________ notaire à _______

Dépôt du___________187_

_________actes avec___________

Dépôt du___________187___

_________actes avec___________

Enonciation des actes.	Droits perçus		Enonciation des actes.	Droits présumés	Droits perçus

LIVRE D'ENREGISTREMENT

—

Dimension : 22 centimètres de hauteur sur 33 de largeur.

Contenance : 150 feuilles.

Prix : 8 fr.

Dates		Bureau	Enonciation des Actes.	Droits perçus	Dates des formalités	Transcrit		Inscrit		Date des Radiations
Du Dépôt	des Actes					Vol.	N°.	Vol	N°.	
			Report							

LIVRE DES HYPOTHÈQUES

—

Dimension : 23 centimètres de hauteur sur 33 de largeur.

Contenance : 200 pages.

<table>
<tr><td colspan="3" align="center">Débiteurs.</td><td rowspan="2" align="center">Numéros dus.</td><td></td></tr>
<tr><td align="center">Nom</td><td align="center">Prénoms</td><td align="center">Domicile.</td><td></td></tr>
<tr><td></td><td></td><td></td><td></td><td>A</td></tr>
<tr><td></td><td></td><td></td><td></td><td>B</td></tr>
<tr><td></td><td></td><td></td><td></td><td>C</td></tr>
<tr><td></td><td></td><td></td><td></td><td>D</td></tr>
</table>

TABLE DES DÉBITEURS

Dimension : 40 centimètres de hauteur sur 27 de largeur.

Contenance : 200 pages répertoriées.

Prix : 10 fr.

Anciens Propriétaires et Créanciers.			Nouveaux Prop^res et Déb^rs Noms et Prénoms	Nature des Actes	Date des Actes
Noms et Prénoms	Époux ou Profession	Domicile			
					A
					B
					C
					D

TABLE GÉNÉRALE DES ACTES

Dimension : 46 centimètres de hauteur sur 30 de largeur.

Contenance : 400 pages répertoriées.

ÉCOLE DE NOTARIAT

DE PARIS

Fondée par décision de S. Exc. M le Ministre de l'Instruction publique,
du 21 juin 1865

Directeur : L. GANTHIER, ancien Notaire
10, Rue Monsieur-le-Prince

OUVERTURE DU 5 AU 10 NOVEMBRE

DURÉE DES COURS.

Les cours ne durent que neuf mois. Jusqu'au 1er avril, les séances ont lieu tous les jours, de huit heures et demie à dix heures et demie du matin (dimanches et jeudis exceptés). A partir du 1er avril, les séances ont lieu même le jeudi.

ENSEIGNEMENT.

1º Les lois organiques du notariat ;

2º Le Code civil et tous les contrats qui en découlent ;

3º Une partie des Codes de commerce et de procédure civile ;

4º L'enregistrement et les hypothèques.

DISTRIBUTION DES SÉANCES.

1º Lecture et correction des contrats que les élèves ont faits à domicile ;

2º Exposé des droits d'enregistrement et d'hypothèques dont ils seraient passibles ;

3º Cours oral pendant 70 à 80 minutes ;

4º Exposé de la nature et des conditions du contrat à faire pour le lendemain. Ce contrat est toujours choisi sur les matières traitées dans le cours oral.)

PRIX.

Le prix de l'année scolaire est de 400 francs, payables moitié en entrant et moitié le 1er avril suivant. Les élèves qui rentrent dans le courant de l'année ne

paient qu'au prorata, soit 40 francs par mois avant le
1ᵉʳ avril et 50 francs par mois après.

UTILITÉ.

Un cours de notariat est d'une utilité incontestable
pour apprendre et bien saisir la corrélation intime qui
unit la théorie à la pratique.

Tout art, toute science a besoin d'explications pour
en faciliter l'intelligence; tout ce qu'un livre peut con-
tenir, un professeur peut l'enseigner et le commenter;
et dans tout enseignement la parole l'a toujours em-
porté de beaucoup sur l'écriture.

Au besoin, le professeur reprend sa thèse sous une
autre forme pour que l'élève saisisse mieux; il ex-
plique avec plus de soin les points qui paraissent plus
obscurs, il répond aux questions qui lui sont posées;
d'un mot il éclaircit bien des doutes, simplifie bien
des questions; tandis que le livre, cet auxiliaire im-
passible, vous laisse rêver et chercher, et vous pré-
sente toujours le même fait sous le même jour.

SOMMAIRE

DES TRAVAUX DE L'ÉCOLE DE NOTARIAT DE PARIS

Du 8 au 20 Novembre.

THÉORIE : Loi du 25 ventôse an XI. — Loi du 21 juin
1843. — Loi du 22 frimaire an VII. — Art. 839 à 858
du Code de procédure civile.

PRATIQUE : Protocole des contrats et procès-verbaux,
fin des contrats et procès-verbaux. — Mention des
divers extraits, grosses et expéditions. — Copies
collationnées. — Procès-verbal de délivrance de seconde grosse. — Consentement amiable à délivrance
d'une seconde grosse.

Du 22 Novembre au 3 Janvier.

THÉORIE : Des obligations (art. 1101 à 1386, C. civ.).
Des hypothèques au point de vue de l'inscription
(art. 2091 à 2180, C. civ. — Loi du 23 mars 1855).

PRATIQUE : Billet à ordre avec et sans hypothèque, traite et endos. — Obligation en brevet avec et sans hypothèque.—Dépôt d'obligation en brevet. — Quatre obligations hypothécaires, par un seul débiteur, par deux débiteurs solidaires, avec subrogation dans l'hypothèque légale de la femme, avec subrogation dans l'assurance.—Obligation avec cautionnement.— Obligation avec nantissement d'une créance et de meubles corporels. — Ouverture de crédit. — Six bordereaux d'inscription. — Prorogation de délai. — Cession avec garantie hypothécaire. — Cession avec cautionnement. — Tenu-pour-signifié. — Quittance simple. — Quittance avec mainlevée.—Mainlevée.— Quittance subrogative. — Procès-verbal d'offres. — Permutation d'hypothèque. — Cession de biens (art. 1268, C. civ.). — Traité après accident (quasi-délit).

Du 4 Janvier au 16 Février.

THÉORIE : Du mariage et du contrat de mariage (art. 144 à 179, — 1387 à 1581, C. civ.).

PRATIQUE : Acte respectueux. — Notification d'acte respectueux. — Contrat sous le régime de la communauté légale. — Contre-lettre. — Contrat avec apports et donations. — Contrat avec communauté d'acquêts. — Contrat avec exclusion de partie du mobilier de la communauté. — Contrat avec clauses de franc et quitte, ameublissement et préciput. — Contrat avec exclusion de communauté. — Contrat sous le régime de la séparation de biens. — Deux contrats sous le régime dotal. — Liquidation de reprises à l'amiable après séparation de corps. — Procès-verbal d'ouverture de liquidation de reprises, après séparation de biens. — Deux états de liquidation de reprises. — Procès-verbal de difficultés. — Procès-verbal de clôture. — Reconstitution de communauté.

Du 18 février au 12 mars.

THOÉRIE : De la vente, de la licitation et de l'échange

(art. 1582 à 1707, C. civ.) — De la transcription et de la purge (art. 2181 à 2203, C. civ. Loi du 23 mars 1855).

PRATIQUE : Ventes sous signatures privées. — Contrat de vente d'un immeuble de peu de valeur. — Vente d'un immeuble important.— Vente d'une maison louée. — Promesse de vente. — Dation en remploi par un mari à sa femme.— Dation en paiement. — Vente à réméré. — Quittance de rachat. — Quittance de prix de vente. — Licitation d'un seul immeuble. — Licitation de plusieurs immeubles. — Echange. — Pièces nécessaires à la purge.

Du 14 au 23 mars.

THÉORIE : Ventes judiciaires et quittances d'ordre (art. 2204 à 2210, C. civ. Art. 673 à 779 et 953 à 965 du C. de pr. civ.).

PRATIQUE : Cahier de charges. — Dépôt du cahier de charges. — Procès-verbal d'adjudication. — Deux quittances d'ordre.

Du 25 mars au 4 avril.

THÉORIE : Des baux (art. 1703 à 1821, C. civ.).

PRATIQUE : Marché entre un propriétaire et un entrepreneur. — Traité entre un domestique et son maître. — Bail à loyer.— Bail à ferme.— Bail à cheptel simple.—Cahier de charges pour parvenir à un bail. — Bail à ferme par adjudication. — Cession de bail.

Du 5 au 11 avril.

THÉORIE : Des sociétés civiles et commerciales. (Art. 1832 à 1873, C. civ. Art. 48 à 62, C. de com. Lois de 1856 et de 1867).

PRATIQUE : Société en nom collectif. — Société en commandite simple. — Société en commandite par actions. — Dépôt des statuts faits s. s. p.

Les 12, 13 et 14 avril.

Explication sur les faillites (art. 437 à 614, Code de commerce).

Du 20 au 27 avril.

THÉORIE : Des petits contrats (art. 1874 à 2091, C. c.
— Art. 1003 à 1028, C. de pr. c.).

PRATIQUE : Arrentement viager à l'aide d'un capital
mobilier.— Arrentement viager par suites de ventes
d'immeubles, avec déversion de la rente sur la tête
du survivant des vendeurs. — Vente à la charge de
payer une rente viagère insaisissable à un tiers. —
Compromis. — Transaction après compromis. —
Révocation de procuration. — Décharge de mandat
avec compte du mandataire.

Le 28 avril.

Explication sur le domicile (art. 102 à 111, Code civ.).

Les 29 et 30 avril.

Explication sur l'absence (art. 112 à 143, C. civ.).

Du 2 au 4 mai.

THÉORIE : Des obligations qui naissent du mariage
(art. 208 à 211, C. civ.).

PRATIQUE : Pension alimentaire par un père à son
enfant.— Pension alimentaire par plusieurs enfants
à leur père, et par quotités inégales. — Abandon de
l'usufruit d'un immeuble à titre de pension alimentaire.

Le 5 mai.

Explication sur l'assistance maritale et l'assistance judiciaire.

Les 6 et 7 mai.

THÉORIE : De la séparation de corps (art. 299, C. civ.
Art. 306 à 311, C. civ.).

PRATIQUE : Contrat de liquidation de reprise entre
parties majeures et après acceptation de communauté.

Les 9 et 10 mai.

THÉORIE : Des enfants légitimes et de la légitimation
des enfants naturels (art. 312 à 333, C. civ.).

PRATIQUE : Acte de désaveu. — Déclaration de légitimation par contrat de mariage et hors contrat de mariage.

Le 11 mai.

THÉORIE : De la reconnaissance des enfants naturels (art. 334 à 342, C. civ.).
PRATIQUE : Acte de reconnaissance d'enfant naturel.

Le 12 mai.

Explication sur l'adoption et la tutelle officieuse (art. 343 à 370, C. civ.).

Les 13 et 14 mai.

Explications sur la puissance paternelle (art. 371 à 387, C. civ.). Examen spécial des art. 384, 385, 386 et 387, C. civ.).

Du 16 au 26 mai.

THÉORIE : De la minorité et de l'interdiction (art. 388 à 545, C. civ. — Art. 1648 et 1649, C. civ. — Art. 928 à 952, C. de pr. c.).
PRATIQUE : Intitulé d'inventaire à la requête d'un tuteur. — Procès-verbal de vente de meubles. — Compte de tutelle à l'amiable. — Récépissé de compte de tutelle. — Appurement de compte de tutelle. — Etat de compte de tutelle judiciaire.

Le 27 mai.

Explications sur la distinction des biens (meubles, immeubles et immeubles par desiination), sur la propriété et sur le droit d'accession (art. 516 à 577, C. civ.).

Du 28 mai au 1er juin.

THÉORIE : De l'usufruit et de l'habitation (art. 578 à 636, C. civ.).
PRATIQUE : Intitulé d'inventaire à la requête d'un usufruitier.—Etat des immeubles soumis à l'usufruit.

Les 2, 3 et 4 juin.

Explications sur les servitudes (art. 637 et 710, C. civ.)

Du 7 juin au 6 juillet.

THÉORIE : Des successions (art. 718 à 992, C. civ. —
Art. 907 à 1002, C. de pr. c.).

PRATIQUE : Intitulé d'inventaire. — Clôture et intitulé
de séance. — Clôture après difficultés. — Référé. —
Partage d'immeubles. — Partage d'immeubles et de
créances. — Adjudication d'immeubles sans admis-
sion d'étrangers. — Cahier de charges pour parvenir
à la vente des immeubles. — Procès-verbal d'adjudication d'immeubles. — Procès-verbal d'ouverture
de liquidation. — Liquidation après vente d'immeubles à des étrangers. — Liquidation après vente
d'immeubles tant à des étrangers qu'à des cohéri-
tiers. — Liquidation de communauté et de succes-
sion. — Liquidation de communauté et de deux successions avec distinction des revenus. — Procès-
verbal de difficultés. — Procès-verbal de clôture. —
Partage judiciaire. — Procès-verbal de tirage au sort.

Du 7 juillet au 4 août.

THÉORIE : Des donations entre vifs et des testaments
(art. 893 à 1100, C. civ.).

PRATIQUE : Donation de meubles sans dette. — Donation d'immeubles par préciput. — Donation de
meubles et d'immeubles à charge de dette et en
avancement d'hoirie. — Donation à deux donataires
dont un seul accepte. — Acceptation de donation. —
Donation entre époux — Donation-partage sans réserve d'usufruit. — Donation-partage avec réserve
d'usufruit. — Testament olographe. — Testament
authentique. — Testament mystique. — Institution
contractuelle. — Partage judiciaire et liquidation
après donation entre vifs de meubles et d'immeubles
à quelques héritiers. — Rapport réél des immeubles.
— Rapport fictif des meubles.

Les 5 et 6 août.

Explications sur la prescription (art. 2219 à 2281, C.c.).

697.   Orléans.—Imp. universelle de A. Chéné, rue de la Hallebarde, 19.

LE GUIDE

DU

CLERC DE NOTAIRE

DEPUIS

LE PREMIER JOUR DE SON STAGE
JUSQU'A SA NOMINATION

PAR

M. L. GANTHIER

DIRECTEUR DE L'ÉCOLE DE NOTARIAT DE PARIS

2e ÉDITION

Prix : I FR. (Envoi *franco* par la poste)

PARIS

CHEZ L'AUTEUR, 10, RUE MONSIEUR-LE-PRINCE

1878

CESSIONS D'OFFICES

Mes rapports fréquents avec le notariat m'ont amené à m'occuper de cessions d'offices; et je sais la prudence et la discrétion qu'il faut apporter à ce genre d'opérations.

Mon intermédiaire est toujours gratuit pour les cédants, tandis que je prends une commission de 1 p. % aux acquéreurs. Cette somme n'est payable qu'après la prestation de serment.

J'ai toujours en main un certain nombre d'études et de candidats, ce qui me permet de donner satisfaction immédiate à la plupart des demandes ou des propositions qui me sont faites; mais quand je n'ai pas l'étude que l'on désire ou le candidat que l'on préférerait *je cherche activement et je trouve....*

L. GANTHIER.

749   Orléans. — Imp. CHÉRIÉ, rue de la Hallebarde, 19.